Père Thomas PHILIPPE o.p.

Une nouvelle maturité

chez nos aînés

St-Paul EDITIONS RELIGIEUSES

St-PAUL EDITIONS RELIGIEUSES

82, rue Bonaparte - 75006 Paris

Dans la même Collection :

★

Le texte de cet ouvrage rassemble des extraits de notes prises par des auditeurs (membres de la Communauté de l'Arche) lors des cours donnés par le Père Thomas PHILIPPE sur les AGES DE LA VIE en 1972-73.

© 2008, St-PAUL EDITIONS RELIGIEUSES
ISBN : 978-2-35117-037-3

Nihil Obstat: Edward D. O'CONNOR csc, le 10 mai 1994

Michel de PAILLERETS o.p., le 26 mai 1994

Imprimi potest: Eric de CLERMONT-TONNERRE o.p.,
le 1er juin 1994

Au point de vue de la foi et de l'espérance, les âges privilégiés de la vie humaine sont bien l'enfance et la vieillesse. Bien sûr l'Eglise s'adresse à tous les âges et Jésus est venu sauver tous les hommes. Mais, comme dans l'histoire du salut les pauvres ont une place privilégiée, il existe de même des âges privilégiés. Si le vieillard se retire du monde des hommes, c'est tout naturellement pour s'insérer davantage dans le Royaume de Dieu, dans l'Eglise comme Cité de Dieu, qui annonce, dans sa société même, la Jérusalem céleste.

On peut dire que notre époque traverse une crise d'adolescence et de maturité, mais elle traverse peut-être plus encore une crise de vieillesse, qui est la plus urgente à surmonter. Toute une mentalité actuelle exalte une conception non chrétienne de la vieillesse et de la mort. Or, Jésus est venu nous révéler que l'univers lui-même était appelé à avoir une fin. Dans notre Credo, nous affirmons que Jésus-Christ reviendra dans la gloire pour juger les vivants et les morts, et que le monde finira avec son nouvel avènement. Dieu ne veut-il pas que les hommes en prennent davantage conscience à notre époque ? Peut-être est-ce parce qu'ils ont tout à fait méconnu cela qu'ils se trouvent dans une espèce d'impasse... On a beaucoup parlé de la « mort de Dieu ». Peut-être faudrait-il plutôt parler d'une certaine mort de l'homme, de ce qu'il y a d'essentiel en lui, c'est-à-dire de sa relation substantielle avec son Dieu.

Il est certain que la vieillesse ne peut avoir un sens que par rapport à une perspective chrétienne. C'est l'âge par excellence où il s'agit de découvrir la véritable maturité de l'homme, qui ne se prend plus par rapport aux idées ou aux actions, au point de vue intellectuel ou moral, mais essentiellement au point de vue théologal : la foi, l'espérance et l'amour. En fait, Dieu retire alors les capacités qui seraient vraiment nécessaires pour exercer la justice et la prudence, au plan des mœurs, de l'agir humain. Mais la maturité dernière de l'homme ne se situe pas simplement dans ses mœurs humaines. Les paroles de Jésus : « Soyez parfaits comme votre Père céleste est parfait » (Mt 5, 48) sont à prendre à la lettre. L'homme ne peut trouver sa maturité dernière que dans des mœurs divines, celles-là même que lui donneront les vertus théologales. C'est dans cette perspective que nous allons considérer la vieillesse.

L'âge de la retraite

Après l'enfance et l'adolescence, âges de la formation, après la maturité de l'adulte, âge des réalisations, arrive un âge où Dieu ne demande plus seulement à l'homme de servir mais de se sacrifier. L'homme aura à servir en sachant se retirer, laisser la place à d'autres, prendre sa retraite.

Le mot « retraite » est très beau et significatif, comme le terme de « repos dominical ». Ces mots sont inspirés par Dieu. Chez les religieux, la retraite est un temps où l'on se retire pour se recueillir, tandis que pour la plupart des gens actuels, la retraite se situe quand on quitte les activités, à l'âge de soixante ou soixante cinq ans. Mais dans les desseins de Dieu, la retraite consiste en un certain retrait des activités pour être encore davantage avec Dieu, pour un âge plus contemplatif en quelque sorte, d'une contemplation encore plus purifiée dans la foi et l'espérance.

Vient d'abord l'âge de la retraite « volontaire ». On sent qu'il faut se retirer de l'action en tant qu'elle est mouvement et agitation. Cela peut être pour un recul, pour une pensée plus profonde, davantage nourrie par la prière et la solitude, pour un retour vers le point de vue des finalités. Ce sera un temps où l'on se retire pour laisser la place à d'autres, tout en gardant une place dans la société.

Lorsqu'on regarde la vie humaine avec désintéressement, on découvre que Dieu nous demande un certain dépouillement pour quelque chose d'inconnu mais de plus profond. Ceci est très important car actuellement le passage de la vie active à la retraite est très difficile et peut être l'objet d'une vraie crise personnelle pour celui qui a exercé beaucoup d'activités. On voit parfois de grands hommes, très estimés, confrontés à de grandes difficultés au moment de la retraite parce qu'ils avaient pris leurs réalisations comme des fins et n'étaient pas restés dans une attitude de service. Si on garde bien le point de vue des finalités, la retraite n'apparaît plus du tout comme une catastrophe. Au contraire, les moyens changent et l'on se raccroche davantage à la Fin ; on acquiert davantage le sens des personnes.

De fait, l'homme qui progresse de façon harmonieuse toute sa vie, progresse non par mutations radicales ni par successions, mais par intégrations successives. Ce n'est pas en reniant son enfance qu'on arrive à une adolescence harmonieuse. De même, un homme mûr doit garder un esprit ou une âme d'enfant, en même temps qu'un cœur jeune.

Il y a une attitude profonde de l'enfance qu'on ne doit jamais quitter. L'homme mûr ne comprendra ses enfants que s'il a gardé une certaine attitude de jeunesse au fond de son cœur, et la plupart du temps, c'est l'enfant qui réveille tout cela dans le cœur de son père. Pour la même raison, un prêtre ou un religieux doivent garder cette attitude d'enfant vis-à-vis de Jésus et de Marie. Ils risquent sinon de ne pas comprendre les enfants et de ne voir en eux qu'infantilisme.

L'homme donc qui s'est développé ainsi par additions et non par soustractions, passe beaucoup plus facilement de l'âge des réalisations à celui de la retraite. Ayant toujours gardé par une foi très éclairée un esprit d'enfance et par une espérance exercée un cœur jeune, il n'a jamais considéré les réalisations comme des fins mais comme des moyens. Il quitte donc les réalisations en sachant que Dieu peut employer d'autres moyens. Après le service, Dieu peut demander le sacrifice ; après s'être servi de nous dans nos richesses, il peut se servir de nos pauvretés et aimer nous rendre plus dépouillés.

L'âge des dépouillements

Après l'âge de la retraite, vient proprement la vieillesse, qui est l'âge des dépouillements les plus profonds, mais qui ne sont plus volontaires. La mémoire n'a plus sa vigueur d'autrefois, on commence à perdre son agilité, l'agilité du corps mais aussi de la pensée.

Ces dépouillements sont à voir à la lumière des purifications passives, telles que les présente saint Jean de la Croix. Les dépouillements volontaires correspondent à certains dépouillements actifs qui sont relativement faciles, car on peut encore jouer un rôle, comme conseiller par exemple. Tandis qu'il est beaucoup plus dur de sentir ces dépouillements que sont les purifications passives, où l'être même est atteint, où Dieu demande de vivre déjà un peu la mort.

Une des grandes grâces de la vieillesse est d'affaiblir le « moi » qui est en nous. Si le jeune sent en lui une force de vie qui le pousse à vouloir être au centre, le désintéressement devient beaucoup plus facile avec l'âge. Par notre acceptation consciente et aimante, Dieu nous fait vivre alors les béatitudes évangéliques : béatitude des humbles, des faibles, des doux, des pauvres...

Les yeux, les oreilles sont les sens qui s'affaiblissent les premiers avec l'âge, mais la sensibilité du toucher demeure très vive. C'est ce qui fait que souvent les jeunes ne comprennent pas que les personnes âgées gardent une sensibilité extrême, presque une sensibilité de petits enfants, même si tout un domaine d'intentionnalité disparaît.

Une des grandes épreuves de l'âge est que la sensibilité spirituelle, que saint Thomas appelle cogitative, reste très forte. Les vieillards sont très capables d'enthousiasme, beaucoup plus peut-être que les hommes mûrs ou même que les adolescents, qui prennent volontiers une attitude blasée et ne veulent pas avoir l'air... Mais la grande souffrance du vieillard est d'être continuellement arrêté sur le plan des réalisations : la tête, le corps ne suivent plus l'élan du cœur !

L'âge de l'espérance

La croissance de la vie humaine implique une espérance naturelle qui vient de ce qu'on sent ses forces augmenter d'année en année, qu'on est maître de soi. Mais vient ensuite le moment où les forces déclinent. Son imagination et sa faiblesse mettent le vieillard dans une insécurité foncière et une angoisse qui sont une des caractéristiques essentielles de l'âge. On ne sait jamais si on arrivera à achever ce que l'on entreprend au début d'une année, au début d'un mois, au début d'une journée !

Quand le jeune entreprend quelque chose, il sait qu'il arrivera, d'une manière ou d'une autre, à l'achever, fût-ce par une pirouette... Mais avec l'âge, on devient plus raisonnable et plus prudent, il y a tout un capital de vie que l'on ne sent plus et qui oblige à s'appuyer constamment sur Dieu.

Au plan chrétien, la vieillesse reste sous le signe du sacrement des malades, qui est, comme la confirmation, un sacrement de l'onction, essentiellement en liaison avec la vie. Normalement, la confirmation est reçue au moment de l'adolescence pour que nos forces vives soient mises au service de l'amour de Dieu, pour faire de nous des chrétiens militants. La dernière onction vient se servir de toutes nos faiblesses, les adoucir en les unissant à la Passion de Notre Seigneur.

Les Actes parlent beaucoup des onctions faites aux malades. A notre époque, la médecine arrive à empêcher les gens de mourir, mais ne leur donne pas pour autant la vitalité, elle laisse le vieillard sans force. C'est le rôle du sacrement des malades de redonner une force qui vient de l'amour.

En fait, la vieillesse est un âge très difficile sans l'Esprit Saint. Au plan surnaturel, ce sera l'âge de prédilection pour l'espérance. Dans la pédagogie divine, l'espérance oblige à s'appuyer sur un autre et pour le vieillard, cet autre ne peut être que Dieu. Toutes sortes de signes annoncent la mort, c'est vrai, mais cette mort elle-même est le prélude d'une autre vie, l'espérance dans l'au-delà.

Les deux âges d'or du Saint-Esprit

Si la mémoire diminue chez le vieillard, on s'aperçoit que ce qu'il oublie d'abord, ce sont les dernières choses apprises, et non les premières. Les souvenirs de la toute première enfance reviennent avec force, tandis que le reste s'estompe.

Philosophiquement, cela va très loin. Dieu, dans sa pédagogie divine, ne commence-t-il pas par nous donner une éducation très profonde de la foi et de l'espérance, par des données fondamentales, pour toute notre vie ? Le temps de la retraite et de la vieillesse nous offrent comme une possibilité de conversion, de retour à une ferveur que nous avons pu connaître durant notre petite enfance et qui peut réapparaître avec l'âge.

Il y a un âge naturellement religieux chez le petit enfant qui peut normalement réapparaître avec la vieillesse. Certes, nous ne pouvons pas admettre le fait d'abandonner toute pratique avec l'âge mûr, mais il faut veiller à ne pas éteindre la mèche qui fume encore...

Dans les desseins de Dieu, la vieillesse est un âge où la foi et l'espérance deviennent des attitudes comme naturelles. Après ce double dépouillement au plan de la sensibilité de vie et de lumière, on n'a plus alors à exercer principalement les vertus morales, on est retiré du monde et de l'activité. Mais c'est le temps d'exercer les petites vertus évangéliques, dans lesquelles interviennent les dons du Saint-Esprit. C'est pourquoi, avec la vieillesse, la conscience spirituelle redevient naturellement prédominante, même sur la conscience morale, et on en découvre alors toute la signification profonde. On pourra parler de façon beaucoup plus spirituelle avec une personne âgée, car normalement sa conscience se place à ce plan-là.

Le temps des vertus évangéliques

Certains penseraient que la perfection consiste avant tout dans le devoir d'état bien accompli. C'est déjà quelque chose de très grand, mais pour eux, la perfection humaine se situe dans une vie active. D'autres, comme saint Thomas, vont plus loin. Pour eux les dons du Saint-Esprit jouent surtout un rôle de lien entre les vertus morales et les vertus théologales. Ils sont surtout au service des vertus théologales pour permettre que dans notre vie humaine de tous les jours, nous restions des enfants de Dieu.

C'est là que les petites vertus évangéliques, qui correspondent aux béatitudes du Sermon sur la Montagne, jouent un rôle capital, parce que les dons du Saint-Esprit se rattachent toujours à elles. Elles sont beaucoup plus proches des vertus théologales que les grandes vertus morales, et elles font l'intermédiaire.

La grâce particulière de la vie religieuse est d'avoir beaucoup à pratiquer ces petites vertus, surtout l'obéissance. Or, les dons du Saint-Esprit jouent beaucoup plus facilement dans l'obéissance que dans une aide au plan de la justice. L'obéissance nous met psychologiquement dans une attitude qui favorise cette action des dons et qui, par là, permet que nous menions une vie plus contemplative.

Le vieillard a également à exercer la patience, plus que la force ou la douceur. Mais les deux vertus essentielles de la vieillesse me semblent être surtout l'humilité et la pénitence, au sens chrétien de ces deux mots. Une des souffrances de l'âge est de mieux découvrir ses défauts, ce qui donne une attitude de pénitence toute naturelle. En réalité c'est une grâce de Dieu, je crois, de ne pas mourir en pleine activité et de faire son purgatoire sur la terre, car la vieillesse est cet âge du dépouillement où l'on découvre beaucoup mieux ce qui, dans notre vie, n'est pas orienté vers Dieu. Lorsqu'on est engagé dans l'action, on est obligé de compter avec son « moi », il faut agir. Mais quand Dieu nous met dans une attitude de retrait, nous pouvons beaucoup plus facilement découvrir nos limites, nos défauts, et par le fait même, en demander pardon à Dieu.

L'humilité

Quand saint Benoît a voulu montrer les différentes étapes de la vie spirituelle, il n'a pas parlé de degrés de charité mais de degrés d'humilité. Saint Thomas place l'humilité dans les vertus qui regardent le point de vue de l'espérance. L'humilité est remède à l'angoisse, ainsi que l'espérance : elle consiste à ne pas s'étonner, mais en même temps à se dépouiller de tout le domaine imaginatif. L'humilité est la grande vertu qui nous aide à nous dégager de tous les complexes de culpabilité. C'est une des vertus essentielles à cultiver chez le vieillard, comme la pénitence, dans le très bon sens du mot. Car découvrir nos défauts est une très grande grâce, c'est que Dieu nous les a déjà pardonnés. Au lieu de nous mettre dans la tristesse, cela devient un signe de prédilection de Dieu, qui nous purifie pour que nous soyons de plus en plus à lui.

L'amour, surtout l'amour surnaturel dans ce qu'il a de substantiel, nous échappe. Jésus dit très nettement à la mère de Jacques et de Jean que personne ne peut savoir à qui sont destinées les places d'honneur dans le Royaume (Mt 20, 20). Sur terre, nous ne pouvons connaître que le point de vue de l'humilité, qui est la seule vertu morale proportionnée à la charité surnaturelle, car la charité se développe exactement dans la proportion où nous sommes humbles, où nous restons dans une attitude de gratuité complète, reconnaissant que tous nos mérites et nos vertus ne sont rien comme dispositions par rapport à la charité surnaturelle.

La vieillesse, comme âge privilégié, ne doit pas être considérée au plan de l'amour ou de la ferveur, car on sera plus facilement fervent dans sa jeunesse. Il y a toute une vitalité et une ferveur de vie qui n'existent plus chez le vieillard, mais la charité apparaîtra alors surtout sous l'aspect de l'humilité. Dans notre vie intérieure, et surtout avec l'âge, on a bien souvent l'impression de reculer. Il semble que Dieu ne nous donne plus les grâces qu'il nous donnait autrefois. Le progrès, en fait, se situe au plan de l'humilité, non pas une humilité qui serait mépris de soi-même, mais une humilité aimée.

L'humilité consiste à s'aimer en Dieu, en étant conscient qu'on ne peut rien faire sans lui. L'humilité rend doux : Jésus rattache toujours humilité et douceur (cf. Mt 11, 29). Humilité, douceur et pénitence sont les attitudes foncières du vieillard.

La pénitence

Le « O felix culpa », « O heureuse faute » prend tout son sens avec la vieillesse. Beaucoup de personnes âgées souffrent d'avoir commis des imprudences de santé dans leur jeunesse, de s'être comportées n'importe comment, et tombent dans le découragement. Mais si elles acceptent les conséquences de leurs choix, Dieu peut se donner à elles encore infiniment plus au plan de l'amour, comme il l'a fait pour le bon larron.

Il est très dur humainement d'avoir l'impression d'avoir raté sa vie par sa propre faute et de ne plus pouvoir recommencer. Mais lorsqu'on se rend compte qu'on n'a plus de force, c'est le moment de la pénitence et de l'humilité. Il faut nous rappeler que Jésus a été attiré par la misère des hommes et que les grâces de pénitence sont des signes de prédilection, des signes d'un amour de Dieu qui est non seulement créateur et sanctificateur, mais aussi réparateur. L'amour de Dieu non seulement nous donne une sainteté que nous n'avons pas naturellement, mais il veut prendre notre misère et transformer cette misère en grâce. Il veut se servir même de nos fautes et de leurs conséquences.

Les vieillards ont donc à accepter les conséquences de leurs choix précédents. Ils ont aussi à accepter des situations que les plus jeunes leur imposent, sans comprendre leurs aspirations et souvent sans leur demander leur avis. La plupart du temps dans les familles, les jeunes remarquent surtout ce qui manque aux vieillards sans voir leurs qualités profondes. Un vieillard peut toujours comprendre un jeune parce qu'il l'a été. Mais tant qu'on n'a pas connu la vieillesse, on ne peut pas la comprendre. A chaque âge donc correspondent des données nouvelles, une sensibilité très différente de celle des âges précédents, qui nécessite à chaque fois une éducation.

Sacrifice et désintéressement

Avec la vieillesse, apparaît un nouveau sens moral qui nous donne le sens du service, du conseil tout désintéressé. Pourquoi les enfants qui ont des difficultés avec leurs parents vont-ils spontanément vers leurs grands-parents ? Justement parce qu'ils sont un peu en disgrâce, et que ceux qui se sentent aussi un peu rejetés viennent chercher refuge auprès d'eux.

Apparaissent aussi chez le vieillard un sens nouveau du désintéressement et le sens du sacrifice dans ce qu'il a de positif. Le sacrifice est différent du service, qui lui est actif. Savoir se sacrifier peut être aussi rendre service, mais de façon beaucoup plus mystérieuse. Au plan religieux, le sacrifice a toujours tenu une place très grande, sans doute parce que dans toutes les religions, les « anciens » ont toujours joué un rôle sacré, et en même temps parce que le sacrifice en a toujours été l'acte essentiel. Or, dans la religion chrétienne, si le sacrifice de la messe reste un acte de religion visible, il acquiert en même temps toute une portée intérieure. Le sacrifice devient le lien entre la religion et les vertus proprement théologales.

Tout naturellement, il est plus facile de pratiquer l'humilité et la pénitence quand on est âgé. Le jeune prend facilement ombrage d'être tenu un peu à l'écart. Mais avec l'âge, il paraît naturel qu'on aille d'abord vers les jeunes. Ce désintéressement est la grâce de la vieillesse. Ici encore nous voyons combien le sort des prêtres peut être proche de celui des vieillards, car les prêtres doivent être les hommes du sacrifice et du désintéressement.

A la lumière de saint Jean de la Croix

A l'âge de la vieillesse, la conscience spiri-tuelle, qui de nouveau devient prédominante, apparaît comme tout inspirée et finalisée par une conscience mystique et par le don de sagesse, parce qu'en fait, tout cela est orienté finalement vers le don total, qui est la mort.

Celui qui n'arrivera pas sur la terre à ce que son « moi » soit complètement brisé, à cette mort du moi dont parle saint Jean de la Croix à propos de l'union transformante, a au moins la possibilité d'accepter avec foi et espérance le moment de sa mort. Il est bon de voir dans les ennuis de santé de la vieillesse non comme des événements terribles mais comme des signes, des annonces de la mort, non pour s'en attrister ou pour les éviter, mais pour se réjouir de pouvoir ainsi les offrir librement à Dieu.

Les auteurs spirituels ont toujours recommandé cette pratique d'accepter sa mort à l'avance dans toutes les conditions que Dieu voudra, à l'heure où Dieu voudra, en sachant que peut-être à ce moment-là, on n'en aura pas conscience. Mais par notre intelligence et notre volonté, nous avons la possibilité d'offrir d'avance notre mort.

La vieillesse est à regarder à la lumière du don de sagesse qui exige la mort de notre « moi », qui implique aussi des grâces de quiétude ; mais celles-ci ne sont que les premières. Les grâces les plus profondes sont des grâces d'union. Ce qui donne à la vieillesse une signification toute nouvelle.

La dernière maturité voulue par Dieu est celle d'un amour surnaturel, d'un amour qui se développe dans la foi et dans l'espérance. Ce n'est pas dans la grande lumière que la foi est la plus parfaite ! A côté du plein midi, il y a l'aurore et le crépuscule, il y a aussi le minuit. Saint Jean de la Croix a montré combien c'est dans le minuit de la foi que l'union avec Dieu est la plus intense. Pour que notre toucher avec Dieu puisse être très grand, notre raison et notre mémoire doivent être ligaturées. C'est ce que Dieu fait graduellement avec les âges de la vie.

L'agonie est à voir sous ce même signe qui nous fait mieux comprendre certaines épreuves de la vie spirituelle. Le Saint-Esprit tient plus que jamais à montrer qu'il est tout à fait maître de l'histoire de notre propre vie. Il se plaît de temps en temps, pendant notre jeunesse, à nous faire passer par des épreuves qui ne s'expliquent qu'avec la vieillesse. Certaines personnes pleines de vie peuvent rencontrer dans la vie intérieure des angoisses qu'ils n'ont jamais connues. Des gens plus âgés peuvent les rassurer et leur dire que c'est tout à fait normal dans la vie spirituelle. Sinon ils risquent de s'agiter, d'ajouter tout un contexte humain à l'épreuve divine et de ne plus pouvoir s'en tirer.

Accomplissement du sacerdoce

Il est très significatif que le mot prêtre signifie « ancien ». Ce n'est pas quand on est tout jeune qu'on vit profondément son sacerdoce chrétien, mais c'est beaucoup plus avec l'âge, quand on considère la vieillesse par rapport au reste, et là, le sacerdoce trouve toutes ses virtualités. Alors que l'âge d'or pour un professeur se situe quand il est en pleine force, le sacerdoce chrétien revêt une forme particulière au moment de la vieillesse.

Beaucoup de prêtres ont de grandes difficultés à se situer car ils restent souvent à une conception rationnelle et abstraite du sacerdoce chrétien. Celui-ci ne peut s'expliquer que par rapport à Notre Seigneur. Le prêtre est avant tout l'homme des sacrements et du sacrifice. Le sacrifice de la Croix doit prendre une place énorme pour lui, dans sa vie et dans celle des autres, et le prêtre est le seul qui, au moment de la mort, peut apporter quelque chose de très positif aux hommes. Le sacrement des malades, qui prépare à la mort, l'eucharistie, qui est le viatique pour cette Pâque que nous avons tous à vivre, c'est bien le prêtre qui doit les donner pleinement. Un prêtre qui ne sent pas qu'une de ses fonctions essentielles est d'aider très concrètement les hommes en face de la mort, se prive d'une dimension essentielle de son sacerdoce, et cela explique peut-être la défection de nombreux prêtres qui n'ont pas puisé auprès des malades et des mourants les grâces très profondes qui les confirment dans leur sacerdoce.

Quand on est près de ce passage et qu'on revit un peu tous les différents âges de la vie, on s'aperçoit que le sacerdoce, pour s'exercer dans toute sa plénitude, demande beaucoup de dépouillement et de désintéressement. Or, ces qualités sont données naturellement dans la vieillesse. En fait, il n'y a jamais de retraite pour un prêtre dans ce qui fait l'essentiel de son sacerdoce. On peut lui retirer des fonctions et des activités extérieures, mais ce n'est pas là le plus important : il garde sa messe et les sacrements à donner. Et surtout ce pouvoir de faire le lien entre la mort de Jésus et la mort des hommes.

La vie religieuse, elle aussi en un certain sens, est un état d'enfance et un état de mort, et tous les hommes, à un moment de leur vie, ont pratiquement les mêmes vertus à pratiquer que dans la vie religieuse. Il y a normalement un âge de virginité demandé à tout jeune qui veut se garder. Et avec la vieillesse, un moment où tout le monde doit envisager la mort.

La mort

Le chrétien doit découvrir que les deux moments substantiels de la vie humaine sont la naissance et la mort. La naissance de la conscience humaine est extrêmement mystérieuse, la psychanalyse ne peut jamais nous dire comment ni quand s'est réalisée cette conscience du tout premier amour. C'est Dieu qui en est la cause propre. Il apparaît évident, surtout lorsqu'on connaît notre fin surnaturelle, que notre mort aussi est un moment tout à fait privilégié, enveloppé d'une providence spéciale. Personne n'en connaît le moment sinon Dieu lui-même.

La vie humaine apparaît comme un grand mouvement, une croissance du point de vue de l'amour, même s'il y a décroissance à d'autres points de vue : la psychologie peut voir ce mouvement, mais en fait, son principe et sa fin lui échappent. Nous sommes obligés de nous appuyer sur Dieu pour cela : c'est le fondement de la foi et de l'espérance.

Jésus, Fils de Dieu, a vécu de façon consciente sa naissance et sa mort. Et Marie en a été témoin. Jésus nous l'a donnée comme mère pour nous enseigner à son école maternelle de toute-petitesse et pour nous préparer à vivre ces « agonies » des derniers temps.

On peut dire qu'il existe quatre conceptions de la mort :

- Celle des philosophes grecs, comme Socrate et Platon, pour qui la mort apparaît surtout comme une délivrance.

- Celle que l'on trouve chez les patriarches et dans les religions primitives, et même, il n'y a pas si longtemps, dans les campagnes, où la mort apparaît surtout comme un sommeil : le patriarche s'endort dans la paix.

- La mort du martyr, comme témoignage de sa fidélité à la Parole de Dieu et de son espérance.

- Enfin le cas de Marthe Robin, des saints stigmatisés et en particulier de tous ceux qui ont connu l'agonie de Jésus.

Martyre, agonie et sacrifice

Jésus est mort à trente-trois ans, en pleine activité, de la mort du martyr. Mais il a voulu auparavant, par une volonté tout à fait libre, connaître l'agonie. Quand il prononce le discours après la Cène, son testament spirituel, il apparaît dans une plénitude de connaissance de son Père. Et quelques minutes après, il commence à éprouver « tristesse et angoisse » (Mc 14, 33). On voit bien que cette agonie ne vient pas naturellement, mais que Jésus a voulu la connaître librement, afin d'éclairer pour nous le mystère de la mort. La mort en effet n'est pas uniquement à considérer sous le signe du martyre, de la mort violente et brusque, mais aussi sous le signe de l'agonie, de la faiblesse et de l'angoisse.

Si Marie a été présente à la Croix, si elle est restée de longues années encore sur la terre après la mort de Jésus, s'il n'y a pas eu d'apparition visible pour elle après la Résurrection, c'est que Marie est restée sur le visage de Jésus à la Croix, le visage de Jésus dans son agonie. Et ce mystère est tel qu'il faudra de longues années pour qu'il soit revécu dans l'Eglise.

Il semble que les camps de concentration ont obligé les psychologues à distinguer nettement la crainte de l'angoisse. La crainte a toujours un objet déterminé, et quelqu'un qui a une forte volonté est toujours capable de résister à la crainte ; la torture elle-même n'amène pas quelqu'un de bien formé à céder. L'angoisse, elle, est à la fois physique et psychique, elle met dans une espèce de confusion et de trouble ; elle fait perdre tout moyen. L'angoisse est un phénomène très mystérieux, qui semble être le dramatique privilège de l'être humain ; et dans la description de l'agonie de Jésus, les médecins reconnaissent des états d'angoisse extrême qu'ils ont pu observer.

En fait, on ne peut pas comprendre l'espérance sans l'angoisse. L'espérance suppose en quelque sorte ce tiraillement de l'angoisse, où l'on ne voit aucune solution, aucune issue. On trouve ce même trouble chez la Sainte Vierge au moment de l'Annonciation. Ne plus savoir ce qu'on doit faire peut être cause d'une grande souffrance. Mais cette angoisse peut être matière pour une nouvelle dimension de l'amour, une dimension divine qu'on ne trouve pas dans l'amour humain. Marthe Robin, à qui Dieu a donné de revivre chaque semaine et pendant de longues années l'agonie de Jésus, nous éclaire beaucoup sur ce mystère.

La vie publique de Jésus a commencé par une tentation classique au niveau des trois concupiscences dont parle saint Jean (1 Jn 2, 16). Le démon n'a pas pu triompher alors de lui, et il ne sait pas que Jésus est le Fils de Dieu. Dans l'agonie, il cherche à jeter Jésus dans le désespoir. L'Évangile nous rapporte cette parole de Jésus à Gethsémani : « Mon âme est triste à en mourir » (Mt 26, 38). La passion de tristesse, telle que saint Thomas l'envisage, est la toute dernière passion. La tristesse n'est pas la violence ni la révolte, qui peuvent être un soulagement. Mais si on reste passif parce qu'on n'a pas la force de se révolter ou parce qu'on accepte de se laisser blesser, on ressent la tristesse. Et cette tristesse peut être terrible.

Cependant l'amour est encore plus grand que la tristesse. Quand Jésus dit qu'il est triste à en mourir, et quand il ajoute : « Que ta volonté soit faite », on voit que l'amour triomphe. La mort de Jésus ne peut s'expliquer que du point de vue de l'amour. Il faut dépasser même le point de vue de la foi et de l'espérance. La prendre comme un martyre ne suffit pas, il faut la prendre comme un don d'amour. Mais étant donné notre condition terrestre, étant donné que nous sommes dans un monde de lumière et de vie proportionné seulement à la foi et à l'espérance, pour que ce don soit le plus complet possible, il faut qu'il ait la forme du sacrifice. Ce sera l'acte suprême d'adoration au point de vue de la vertu de religion, et l'acte suprême d'amour, les deux se réunissant dans le don et le sacrifice. Et pour que le sacrifice soit total, il est précédé par l'agonie et par un maximum de souffrances et d'humiliations.

Jésus seul a connu l'agonie à ce degré, lui qui seul a pu connaître ce qu'est la naissance par sa conscience divine. Il a souffert l'agonie pour nous tous. Nous avons le droit de lui demander, par son agonie, de nous libérer de ce que nos agonies peuvent avoir d'humain. En nous accrochant à son agonie toute sainte, nous trouverons toujours un remède.

Il est si bon de se souvenir de la prière de Jésus dans son agonie : « Si c'est possible que ce calice s'éloigne de moi », et aussitôt après : « Que ta volonté soit faite ». De fait, l'ange apparaît ensuite et Jésus se relève. Il semble que Dieu ait exaucé sa prière, qu'il ait éloigné le calice, non celui de la mort, mais celui de l'agonie.

Tous nous passons tôt ou tard par des épreuves d'agonie, puis Dieu nous donne une force qui nous rend capables de repartir. Il nous faut demander à Marie de regarder la mort, la nôtre et celle des autres, avec foi, espérance et amour, dans la lumière du mystère de l'agonie et du martyre de Jésus.

Le veuvage

Depuis toujours, la tradition associe les veuves aux vierges. De fait, dans les desseins de Dieu, il y a une double manière pour l'homme de trouver sa maturité : la voie commune du mariage et la voie qui répond pleinement aux conseils évangéliques, où le Bien-Aimé est d'abord Jésus lui-même.

Si le mariage apparaît dans un premier temps très positif au plan psychologique, il est évident que l'amitié des époux se fortifie surtout dans les épreuves. Et si l'on veut vraiment comprendre le sacrement du mariage, il faut voir qu'un des deux conjoints vivra cette épreuve, qui est en même temps une grâce particulière, de devoir offrir son époux ou son épouse à Dieu au moment de la mort. Ce moment jouera un rôle capital dans sa vie au regard de Dieu : il sera appelé à achever sa vie de mariage dans une union très intime avec Jésus et le Saint-Esprit. Pour saint Paul, les époux sont un symbole, dont la réalité est l'amour de Jésus pour son Église (Ep 5, 32). Et dès cette terre, un des deux conjoints est appelé à vivre cette réalité et ce mystère.

La vie contemplative se situe surtout à ce point de vue de l'intimité avec Dieu. C'est pour cela que l'Église accorde une signification très positive au veuvage, pareille à celle du célibat. Dans sa liturgie, elle a toujours prié spécialement pour les veuves et les a considérées avec un respect tout particulier, parce que, comme la virginité, le veuvage est un état positif.

Dans la perspective où nous l'avons montrée, la mort, prise du point de vue de l'amour, apparaît comme le moment décisif où l'on peut faire un don total à Dieu. Certes, il est certain que pour celui ou celle qui est destiné, dans les desseins de Dieu, à offrir l'autre, sa vie est brisée au plan humain. Mais il vivra à travers ce sacrifice une participation à la Croix, une union à Jésus et à Marie tout à fait particulière.

Marie est restée de longues années sur la terre après l'Ascension de Jésus et la Pentecôte. Il semble bien qu'elle ait connu la vieillesse, et que cette dernière partie de sa vie, où elle avait tant besoin de l'Eucharistie et où elle retrouvait Jésus surtout dans les membres souffrants de son Corps mystique, a fini de la préparer à son Assomption. Il faut lui confier notre vieillesse, lui demander de rester ses tout petits enfants, à son école, dans cet âge privilégié qui doit nous préparer à la rencontre avec son Fils Jésus !

TABLE DES MATIÈRES

Achevé d'imprimer en février 2008, sur les presses de Ediprint France
53940 Saint-Berthevin - Dépôt légal : février 2008